AF316901

Nantes, le 7 février 1852

Monsieur

Il est de votre intérêt d'être exactement et souvent informé des variations qui surviennent sur le prix des divers métaux ; je viens à ce sujet, appeler votre attention sur le *Phare de la Loire.*

Vous savez que depuis le commencement de l'année ce journal parait tous les jours, excepté le dimanche. Pour augmenter l'intérêt des renseignements commerciaux et industriels qu'on y trouve, le *Phare de la Loire* publie chaque semaine, sous le titre **COMMERCE DU FER**, un article sur les cours et la situation de tous les métaux, *fer, fonte, acier, cuivre, fer blanc, plomb,* etc. L'article inséré dans le numéro que j'ai l'honneur de vous adresser, vous donnera une idée de ce que sont les notes hebdomadaires du *Phare de la Loire* sur le **COMMERCE DU FER** et les autres métaux ; il vous engagera probablement à prendre un abonnement. Si telle est votre intention, vous voudrez bien remplir le bulletin suivant, et l'envoyer à notre bureau, rue Neuve-des-Capucins, 10.

Recevez, je vous prie, mes salutations empressées.

Votre tout dévoué concitoyen,

Vor **MANGIN** père.

Je soussigné
déclare prendre un abonnement de   *mois au journal le*
Phare de la Loire, qui me sera régulièrement envoyé à l'adresse
ci-dessous :
    Fait à   *le*

ADRESSE.

à M.
demeurant
département d
    à

Nantes, imp. de Mme Vor Mangin.

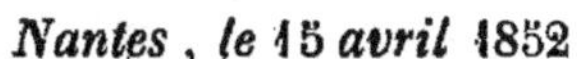

Nantes, le 15 avril 1852.

Quand l'existence d'un organe de l'opinion publique est en jeu, c'est naturellement à ceux dont le concours le soutient qu'il doit s'adresser pour pourvoir aux circonstances.

Le Phare de la Loire se trouve aujourd'hui dans la nécessité de satisfaire aux exigences fiscales du dernier décret sur la presse. Ce décret élève de *trois mille* à *vingt-cinq mille francs* le cautionnement de ce journal. Afin de parvenir à compléter cette somme, *le Phare de la Loire* a ouvert un emprunt sur les bases suivantes, résumées d'après l'acte dressé à cet effet :

» **LE PHARE DE LA LOIRE** ouvre un emprunt pour réaliser le supplément de cautionnement exigé par le décret du 17 février 1852.

» La souscription est fixée au *minimum* de 100 francs, dont l'intérêt sera payé à 5 0/0.

» Les prêteurs nommeront une commission de trois membres pour agir au nom de tous.

» Les sommes souscrites ne seront payables qu'alors que le chiffre supplémentaire du cautionnement sera atteint.

» Si le cautionnement des journaux venait à être diminué ou aboli, la somme remboursée par le trésor serait reçue par le gérant du journal assisté par la commission ; elle restérait entre les mains de la commission, qui en ferait la répartition entre tous les prêteurs, jusqu'à parfait remboursement.

» Aussitôt que le supplément de cautionnement sera réalisé, la commission se réunira au gérant du **PHARE DE LA LOIRE**, pour verser la somme à la caisse de M. le Receveur Général.

» Le titre du supplément de cautionnement restera entre les mains de l'un des membres de la commission.

» Tous les ans, dans les premiers jours de janvier, la commission se réunira au gérant du journal, pour recevoir, à la caisse de M. le Payeur Général le montant de l'intérêt à 3 p 0/0 des fonds provenant de l'emprunt.

» Cette somme restera entre les mains de la commission, qui en fera la répartition entre les divers prêteurs.

» Le trésor sert un intérêt de 3 p.0/0 pour les cautionnements de journaux. Cet intérêt est fort exactement payé dans les premiers jours de chaque année.

» Les 2 p. 0/0 complémentaires des 5 p. 0/0 assurés aux prêteurs , seronts payés par la caisse du journal, soit en espèce, soit en déduction de quittance d'abonnement, d'annonces ou d'impression.

» En cas de poursuite et d'une condamnation, le montant de l'amende serait prélevé sur les fonds du cautionnement qui n'auront pas été fournis par l'emprunt, et qui, d'après la loi, doivent appartenir en propre au gérant.

» Une réunion des prêteurs serait alors convoquée par les commissaires, et elle aurait le droit, à la majorité, d'opérer le retrait de l'emprunt, à moins que le gérant ne comblât le déficit, de telle façon que le prêt ne cesse pas de présenter aux souscripteurs tous les avantages et toutes les garanties d'un placement sur l'Etat. »

La présente a pour but, M   , de solliciter votre participation à cet emprunt qui , en assurant l'existence du *Phare de la Loire*, me permettra d'y apporter des améliorations nouvelles , par exemple d'en étendre la périodicité , en le faisant paraître tous les jours de la semaine.

L'extrait de l'acte que j'ai reproduit plus haut, vous indique suffisamment qu'il ne s'agit ici , en aucun cas, d'un sacrifice , mais d'un placement ne différant d'un placement sur l'état ou à la caisse d'épargnes que par la différence de l'intérêt en faveur du prêteur , puisque les fonds restent déposés au trésor.

J'ajouterai , pour achever de démontrer la parfaite sûreté de ce placement , que *jamais* le cautionnement du journal que je rédige depuis 38 années , sous différents titres, n'a été entamé.

On veut bien reconnaître que pendant sa longue carrière ce journal a rendu quelques services. Sa disparition ne serait donc pas sans laisser un vide. Aussi espéré-je, M   , que votre concours ne me sera pas refusé dans la circonstance décisive qui me détermine à m'adresser à vous.

Veuillez recevoir mes salutations empressées ,

Votre tout dévoué concitoyen ,

Nantes, imp. V. Mangin.

Je vous prie, dans le cas où vous voudriez prendre part à cet emprunt, de remplir le bulletin suivant et de me l'adresser sans retard à *l'Imprimerie du Commerce, rue Neuve des Capucins*, 10, *à Nantes*, le délai pour le dépôt du supplément de cautionnement expirant le **22** de ce mois.

Je soussigné, déclare prendre part, pour la somme de   *et aux conditions stipulées dans l'acte, à l'emprunt ouvert par M. V. Mangin, pour compléter le cautionnement du* PHARE DE LA LOIRE.

Fait à   , le

Indiquer l'adresse après la signature.

Nantes, le 23 avril 1852.

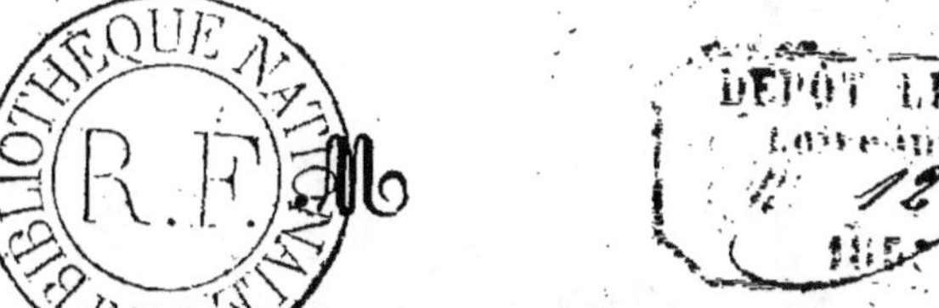

Je viens rappeler à votre souvenir et à votre attention la lettre que j'ai eu l'honneur de vous adresser sous la date du 15 courant, relativement au cautionnement du **PHARE DE LA LOIRE**.

Le cautionnement exigé par le décret du 17 février 1852, pour le **PHARE DE LA LOIRE**, est de deux degrés, savoir :

12,500 francs pour que le journal paraisse trois fois par semaine ; 25,000 francs pour qu'il paraisse plus souvent, et mon intention est de le publier tous les jours de la semaine.

Les souscriptions réalisées jusqu'à ce jour, réunies aux 3000 francs de l'ancien cautionnement, dépassent le chiffre de 12,500 francs ; en dehors des signataires, il est grand nombre de personnes qui s'intéressent à la conservation du **PHARE DE LA LOIRE**, et désirent lui assurer une publicité quotidienne.

Le délai fixé par le décret pour la constitution du cautionnement, expire le jeudi 29 courant ; c'est par erreur que j'avais dit le 23 ; mais les formalités à remplir entrainent à quelques longueurs, et il serait urgent que le chiffre de 25,000 francs fût atteint quelques jours auparavant.

Je viens vous prier, si votre intention est de souscrire à cet emprunt, de m'adresser votre adhésion le plus tôt possible.

Veuillez recevoir mes salutations empressées.

Votre tout dévoué concitoyen,

V. Mangin père.

Je soussigné, déclare prendre part, pour la somme de . . . . et aux conditions stipulées dans l'acte, à l'emprunt ouvert par M. V. Mangin, pour compléter le cautionnement du PHARE DE LA LOIRE.

Fait à . . . . , le

Indiquer l'adresse après la signature.

Nantes, imp. V. Mangin.

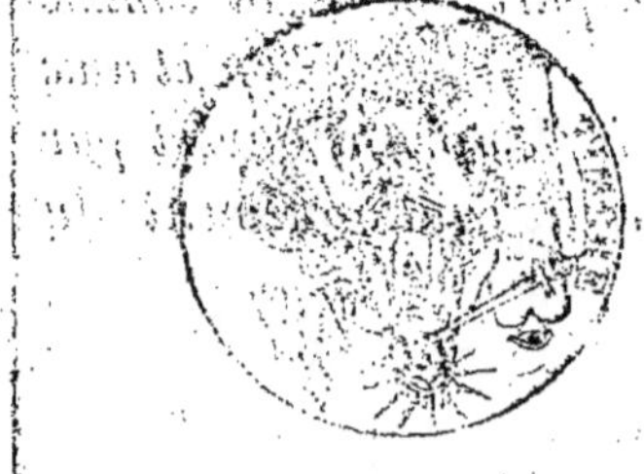

Je viens appeler votre attention sur la note suivante, que j'ai publiée dans le *Phare de la Loire* :

« En annonçant la constitution de notre cautionnement de 12,500 francs, pour faire paraître le *Phare de la Loire* trois fois par semaine, nous avons dit que cette publicité restreinte n'était que provisoire, et nous avons continué à réaliser l'emprunt ouvert pour compléter les 25,000 francs du cautionnement qui lui permettra de paraître tous les jours. Depuis le dernier avis que nous avons donné à ce sujet, de nouvelles adhésions nous sont parvenues ; en voici le résultat :

Cautionnement actuel............	**12,500** fr.
Sommes souscrites en plus...	7,700
	20,200 fr.

» Il ne reste donc plus, pour compléter les 25,000 francs, que **4800** francs à souscrire.

» Nous espérons pouvoir obtenir ces 4800 francs assez promptement pour faire paraître le *Phare de la Loire* tous les jours de la semaine, à partir du 1er septembre prochain.

» On sait que notre emprunt a été ouvert au *minimum* de cent francs, portant intérêt à 5 p. 0/0.

» Nous prions ceux de nos lecteurs qui sont disposés à y prendre part, de nous adresser leur adhésion le plus tôt possible. Nous faisons ici à leurs sympathies un nouvel appel qui, nous l'espérons, sera entendu. Nous sommes près de toucher au but ; nous osons compter sur eux pour l'atteindre. »

Si votre intention est de contribuer à consolider le journal qui remplace ceux à la rédaction desquels j'ai contribué pendant les cinquante années qui ont précédé la création du *Phare de la Loire* comme journal politique, je vous prierai de remplir le bulletin ci-dessous et de vouloir bien me l'adresser.

Veuillez recevoir mes salutations empressées,

Votre tout dévoué concitoyen,

V. Mangin père.

P.-S. — Si vous consentez à remplir le bulletin ci-dessous, et que vous ayez déjà souscrit à cet emprunt, veuillez indiquer que c'est une adhésion supplémentaire.

Je, soussigné, déclare prendre part, pour la somme de   et aux conditions stipulées dans l'acte, à l'emprunt ouvert par M. V. Mangin pour compléter le cautionnement du PHARE DE LA LOIRE.

Fait à   , le

Indiquer l'adresse après la signature.

Nantes, imp. Mme Ver Mangin.

9 782013 048705